# Table du contenu de ce volume.

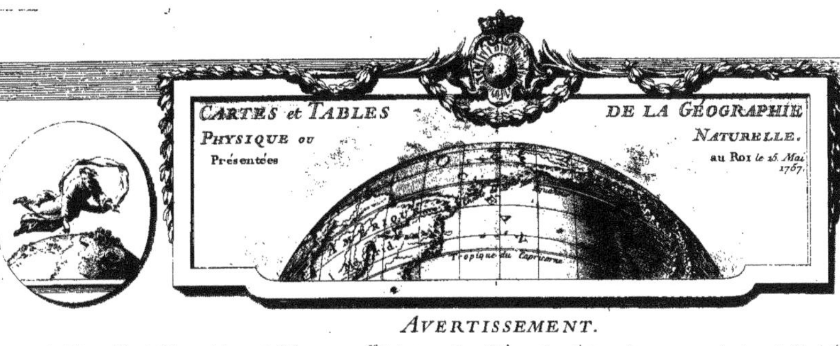


# CARTES et TABLES DE LA GÉOGRAPHIE PHYSIQUE ou NATURELLE.

Présentées au ROI le 15. Mai 1757.

## AVERTISSEMENT.

On doit considérer la Géographie sous trois faces différentes, sçavoir le Physique ou l'état Naturel du Globe Terrestre, l'Historique, et l'Astronomique ou le Mathématique. Comme c'est dans cet ordre qu'il faut donner les idées générales de la Géographie, j'ai cru que la Division naturelle de notre Globe par ses Montagnes, ses Fleuves et ses Mers, pouvoit être très utile pour l'Instruction. C'est ce qui m'a engagé à mettre en Tables un abrégé et un Dévelopement de ce que j'ai dit à ce sujet dans un Mémoire lû à l'Assemblée publique de l'Académie le 15. Nov. 1752. sur les Chaînes de Montagnes, qui traversent les Terres et les Mers, et qui sont comme la Charpente du Globe Terraquée (ou composé de Terres et d'Eaux.) J'avois présenté à l'Académie dès 1737. plusieurs morceaux de ce Système.

On est convenu il y a longtems que la connoissance méthodique des Fleuves étoit très utile pour l'étude de la Géographie; mais celle des Montagnes, d'où ils sortent, et des Mers, où ils se rendent, ne doit pas être moins utile. Il est bon de voir la Liaison des unes avec les autres, et leur dépendance mutuelle. C'est ce que ce Système montre au premier coup d'œil.

Voici quelques Observations préliminaires, que l'on peut regarder comme les principes de cette Géographie Physique ou Naturelle, pour laquelle j'ai d'ailleurs dressé un Planisphere et ses détails en Cartes Géographiques.

1.° Il y a sur la Terre une suite non interrompuë de hautes Montagnes et de Terreins élevés, qui la partag.^t en quatre Pentes, et d'où s'écoulent les Fleuves, qui vont se rendre dans chaque Mer, après avoir reçu dans leurs cours plusieurs Rivieres, et en conservant leurs noms depuis leurs Sources jusqu'à leurs Embouchures: Ce qui doit servir à distinguer les Fleuves des Rivieres.

2.° Les Riv.^s prennent la pluspart leurs Sources dans des M.^gnes d'une seconde espece, qu'on nómera de Revers, parcequ'elles partent des plus hautes M.^gnes, et vont aboutir à la Mer, entre les Bassins Terrestres de chaque Fleuve.

3.° Quelques-unes de ces Chaînes continuent à travers les eaux de la Mer; par certaines suites d'Isles, Roches &c. faisant ainsi la liaison d'un Continent avec l'autre. On appellera ces dernieres Chaînes Montagnes Marines.

4.° Les Montagnes de Revers à quelque distance des extrémités des Terres, forment une espèce de patte d'Oye, d'où part une troisieme sorte de Montagnes, que je nomme Costieres, parcequ'elles bordent les Côtes. Il en sort quelques Rivieres qui sans avoir un long cours se jettent immédiatement dans la Mer comme les Fleuves: quelques-unes plus considérables que les autres, peuvent être regardées comme de petits Fleuves, telles que la Charente, l'Orne, la Somme, &c. (en France.)

Tout ceci peut servir à diviser plus méthodiquement qu'on n'a fait jusqu'à présent, non seulement les Fleuves et les Rivieres dont la considération est si importante dans l'étude de la Géographie; mais encore les Terreins soit élevés, soit inclinés diversement, et de plus les parties des Mers divisées naturellement par les Chaînes Marines, correspondantes aux Terrestres.

Ces dernieres qui ont paru plus sensibles jusqu'à présent, mais à la continuité desquelles on ne faisoit pas attention, divisent ce que nous connoissons de Terre en quatre parties, relativement aux Terreins inclinés 1.° vers l'OCEAN, (dont la Méditerranée, la Baltique, &c. sont des Golfes:) 2.° vers la MER DES INDES: 3.° vers la GRANDE MER: 4.° vers la MER GLACIALE ARCTIQUE.

Il doit y avoir sous le Cercle Polaire Antarctique une cinquieme sorte de Terreins en partie inclinés vers l'autre Mer Glaciale, que j'ai conjecturée par les Grandes Glaces que l'on a trouvé en différens endroits des Mers Méridionales, même au commencement de leur Eté. Avec le tems nous pourrons apprendre le gisement de ces Terres Antarctiques, et le cours des Fleuves considérables qui doivent se rendre dans cette Mer intérieure, et d'où proviennent ces Glaces.

On verra dans les Tables suivantes, ce que nous connoissons du Physique de notre Globe, considéré par ses Montagnes, ses Fleuves, et ses Mers. Les trois premieres Tables relatives aux Cartes générales, donnent la division générale des quatre grandes Mers connuës, et de la Méditerranée, &c. avec les Chaînes des Montagnes qui les environnent et qui sont comme les relevemens de leurs Bassins Terrestres. On y a indiqué au milieu, les Mers avec leurs divisions par les Chaînes Marines; aux extrémités, les Montagnes Terrestres; entre deux, les Fleuves; de maniere qu'on peut remonter ou descendre à son gré, en voyant toujours la liaison des parties du Globe Terraquée.

La IV.^e Table est disposée d'une autre façon: comme il s'agit d'un Pays particulier (la France) la suite des grandes Montagnes qui la traversent, est indiquée au milieu; et les parties des Mers qui la baignent, sont aux extrémités. On y voit les trois espèces de Montagnes, dont on a cy-devant parlé.

La V.^e Table présente le Cours de la Seine et ses Rivieres, avec les Terreins inclinés jusqu'à son lit, c'est-à-dire son Bassin Terrestre. On la considère dans ce Plan comme une Mer, et les Rivieres s'y rendent à droite et à gauche: ainsi les Montagnes qui sont le relevement du Bassin Terrestre des Fleuves, sont aux extrémités, comme dans les premieres Tables. C'est un Essai de ce que l'on pourra faire sur chaque Fleuve, comme les Tables de France, d'Allemagne (Table II.^e) sont le modele des Tables Physiques des autres Pays.

Cet Ouvrage approuvé et Publié sous le Priv.^ge de l'Acad.^e du 4. Sept.^bre 1754. se trouve à Paris, sur le Quay de l'Horloge: Avec les Cartes de Guill. Delisle et de Phil. Buache.

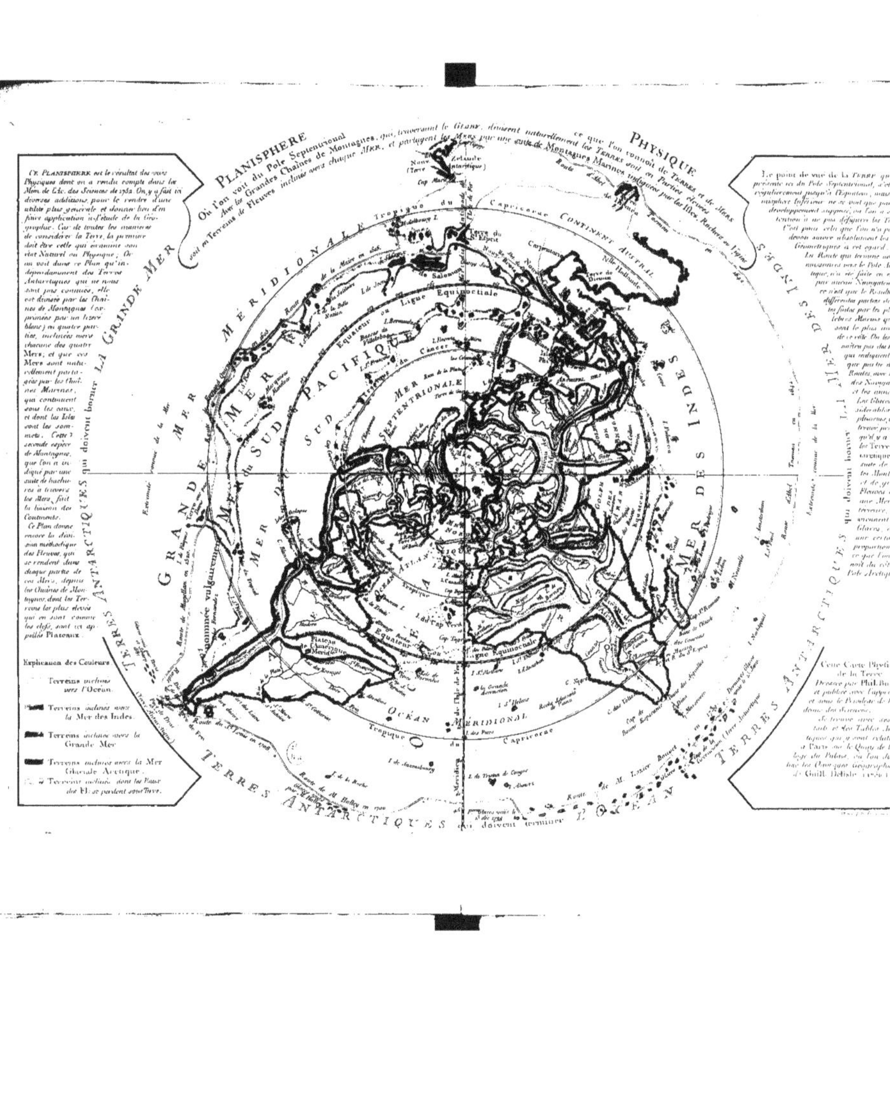
PLANISPHERE PHYSIQUE
Où l'on voit du Pole Septentrional
Avec les Grandes Chaînes de Montagnes, qui, traversant le Globe, doivent naturellement
ce que l'on connoît de Terres et de Mers
soit en Terreins de Fleuves inclinés vers chaque Mer, et partagent les Mers par une suite de Montagnes Marines indiquées par les Isles, Rochers ou Vigies
Ce Planisphere est le résultat des vues Physiques dont on a rendu compte dans les Mem. de l'Ac. des Sciences de 1752. On y a fait ici diverses additions, pour le rendre d'une utilité plus générale et donner lieu d'en faire application à l'étude de la Géographie. Car de toutes les manieres de considérer la Terre, la premiere doit être celle qui examine son état Naturel ou Physique; Or on voit dans ce Plan qu'indépendamment des Terres Antarctiques qui ne nous sont pas connues, elle est divisée par les Chaînes de Montagnes (exprimées par un lizeré blanc) en quatre parties, inclinées vers chacune des quatre Mers; et que ces Mers sont naturellement partagées par les Chaînes Marines, qui continuent sous les eaux, et dont les Isles sont les sommets. Cette seconde espece de Montagnes, que l'on a indiqué par une suite de hachures à travers les Mers, fait la liaison des Continents.
Ce Plan donne encore la division méthodique des Fleuves, qui se rendent dans chaque partie de ces Mers, depuis les Chaînes de Montagnes, dont les Terreins les plus élevés qui en sont comme les clefs, sont ici appellés Plateaux.
Explication des Couleurs
Terreins inclinés vers l'Océan.
Terreins inclinés vers la Mer des Indes.
Terreins inclinés vers la Grande Mer
Terreins inclinés vers la Mer Glaciale Arctique.
Terreins inclinés dont les Eaux des Fl. se perdent sous Terre.
TERRES ANTARCTIQUES qui doivent borner LA GRANDE MER
GRANDE MER
MER DU SUD
PACIFIQUE
MER DU SUD SEPTENTRIONALE
MER DES INDES
TERRES ANTARCTIQUES qui doivent borner LA MER DES INDES
TERRES ANTARCTIQUES qui doivent terminer L'OCEAN
CONTINENT AUSTRAL
OCEAN MERIDIONAL
Tropique du Capricorne
Equateur ou Ligne Equinoctiale
Tropique du Cancer
Terre du St. Esprit
Nouvelle Zelande (Terre Antarctique)
Cap Bonne Espérance
Plateau de Chaîne de Meridienne
Le point de vue de la Terre qui se présente ici du Pole Septentrional, s'étend régulierement jusqu'à l'Equateur, mais l'Hémisphere Inférieur ne se voit que par un développement supposé, où l'on a eu attention à ne pas défigurer les Terres. C'est pour cela que l'on n'a pas cru devoir suivre absolument les vues Géométriques à cet égard.
La Route qui termine nos connoissances vers le Pole Antarctique, n'a été faite en entier par aucun Navigateur, et ce n'est que le Résultat des différentes parties de Routes faites par les plus célebres Marins qui se sont le plus avancés de ce côté. On les reconnoîtra par des Routes qui indiquent chaque partie de ces Routes, avec le nom des Navigateurs et les années.
Les Glaces considérables que plusieurs y ont trouvé, prouvent qu'il y a dans les Terres Antarctiques une suite de hautes Montagnes et de grands Fleuves avec une Mer intérieure, d'où viennent les Glaces, dans une certaine proportion avec ce que l'on connoît du côté du Pole Arctique.
Cette Carte Physique de la Terre
Dressée par Phil. Buache
et publiée avec l'approb.on et sous le Privilege de l'Acad.
Se trouve avec ses détails et les Tables Analytiques qui y sont relatives, à Paris sur le Quay de l'Horloge du Palais, où l'on distribue les Ouvrages Géographiques de Guill. Delisle

CARTE PHYSIQUE DE L'OCEAN où l'on voit des Grandes Chaînes de Montagues
qui traversent les Continents d'Europe, d'Afrique et d'Amérique ; tous les Terreins inclinés vers cette Mer et les Fleuves qui s'y rendent
Avec la continuation des Chaînes de Montagnes Marines, par les Isles, les Bancs, les Rochers, ou Vigies.
Dressée et Présentée à l'Acad. des Sciences le 3. Sept.bre Par Ph. Buache, et Publiée sous le Priv.e de cette même Academie du 4. Sept.bre
MER GLACIALE ARCTIQUE
OCEAN SEPT.L ou MER DU NORD
Tropique du Cancer
Equateur
Tropique du Capricorne
OCEAN MERIDIONAL
GRANDE MER vulgairement nommée MER DU SUD
TERRES ANTARCTIQUES de l'Ocean

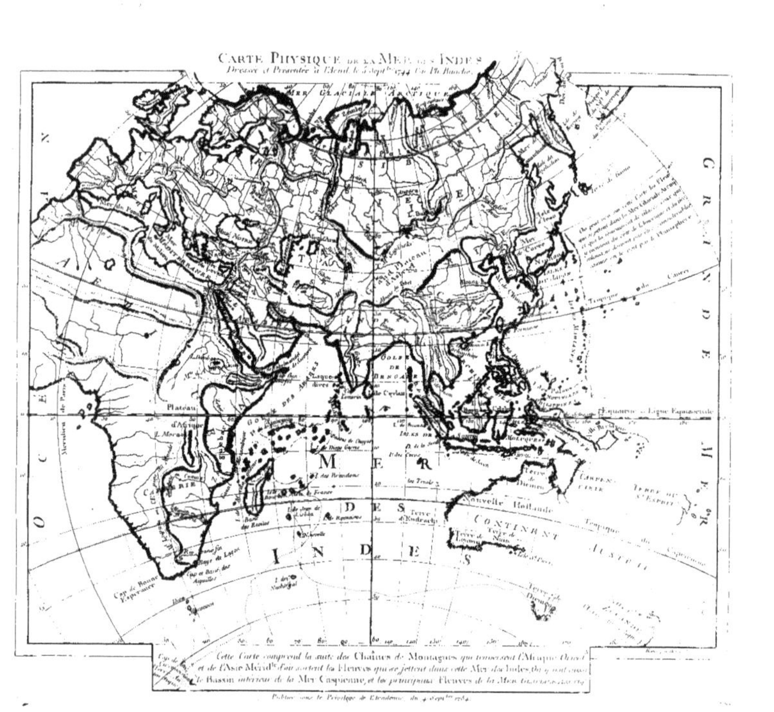

CARTE PHYSIQUE DE LA MER DES INDES
MER GLACIALE ARCTIQUE
GOLFE DE BENGALE
Plateau
MER DES INDES
Nouvelle Hollande
Cap de Bonne Espérance
Cette Carte comprend la suite des Chaînes de Montagnes
le Bassin intérieur de la Mer Caspienne, et les principaux Fleuves

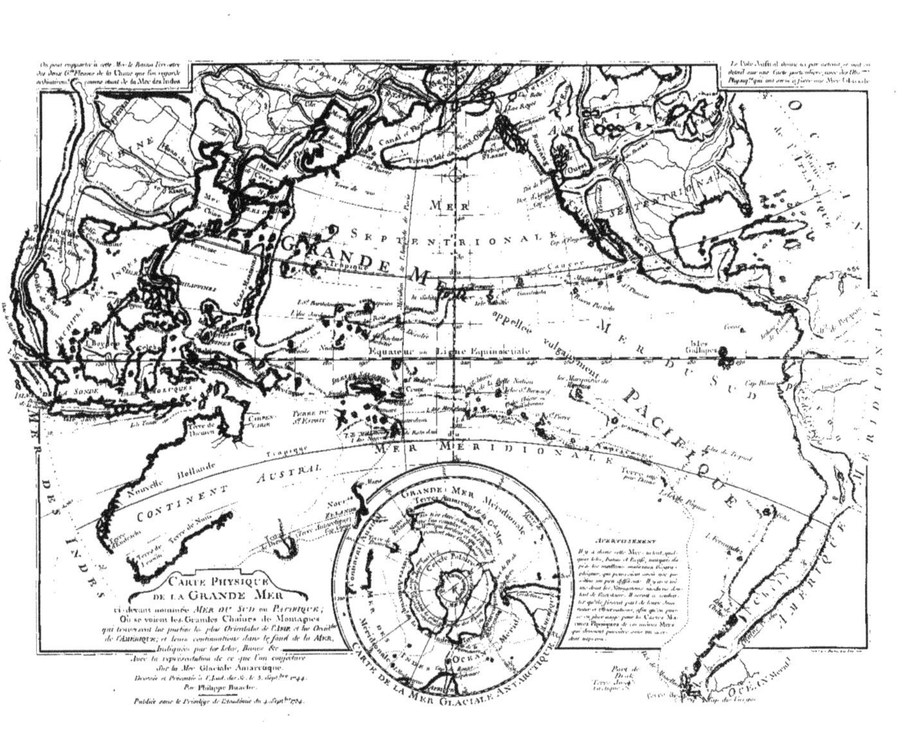
Carte Physique
de la Grande Mer
ci-devant nommée Mer du Sud ou Pacifique;
Où se voient les Grandes Chaînes de Montagnes
Avec la représentation de ce que l'on conjecture
Sur la Mer Glaciale Antarctique.
Par Philippe Buache.
Grande Mer
Mer Septentrionale
Mer du Sud
Pacifique
Mer Méridionale
Equateur ou Ligne Equinoxiale
Continent Austral
Nouvelle Hollande
Mer des Indes
Chine
Carte de la Mer Glaciale Antarctique
Avertissement

6.

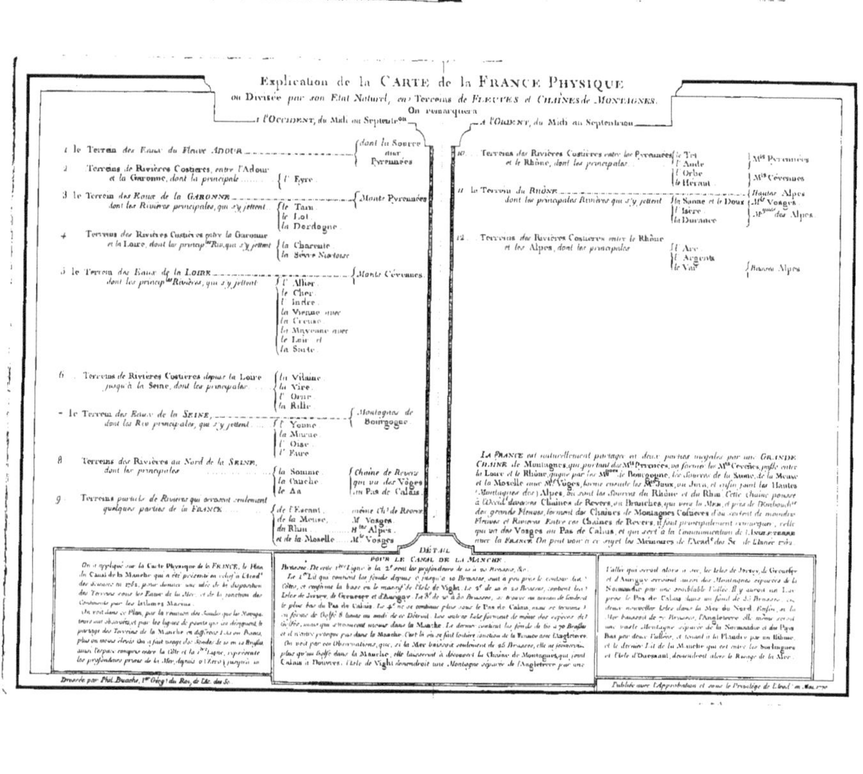

## Explication de la CARTE de la FRANCE PHYSIQUE
### ou Divisée par son Etat Naturel, en Terreins de FLEUVES et CHAÎNES de MONTAGNES.

On remarquera

**à l'OCCIDENT, du Midi au Septentrion**

1 le Terrein des Eaux du Fleuve ADOUR — dont la Source aux Pyrennées

2 Terreins de Rivières Costieres, entre l'Adour et la Garonne, dont la principale: l'Eyre.

3 le Terrein des Eaux de la GARONNE — Monts Pyrennées
dont les Rivières principales, qui s'y jettent: le Tarn, le Lot, la Dordogne.

4 Terreins des Rivières Costieres entre la Garonne et la Loire, dont les princip.les Riv. qui s'y jettent: la Charente, la Sèvre Niortoise.

5 le Terrein des Eaux de la LOIRE — Monts Cévennes.
dont les princip.les Rivières, qui s'y jettent: l'Allier, le Cher, l'Indre, la Vienne avec la Creuse, la Mayenne avec le Loir et la Sarte.

6 Terreins de Rivières Costieres depuis la Loire jusqu'à la Seine, dont les principales: la Vilaine, la Vire, l'Orne, la Rille.

7 le Terrein des Eaux de la SEINE, — Montagnes de Bourgogne.
dont les Riv. principales, qui s'y jettent: l'Yonne, la Marne, l'Oise, l'Eure.

8 Terreins des Rivières au Nord de la SEINE, dont les principales: la Somme, la Canche, le Aa — Chaine de Revers qui va des Vôges au Pas de Calais.

9 Terreins partiels de Rivieres qui arrosent seulement quelques parties de la FRANCE:
de l'Escaut ... même Ch.e de Revers.
de la Meuse, ... M.t Vosges.
du Rhin ... H.tes Alpes.
et de la Moselle ... M.ts Vosges.

**à l'ORIENT, du Midi au Septentrion**

10 Terreins des Rivières Costieres entre les Pyrennées et le Rhône, dont les principales: le Tet, l'Aude, l'Orbe, le Hérault — M.ts Pyrennées; M.ts Cévennes.

11 le Terrein du RHÔNE — Hautes Alpes
dont les principales Rivières qui s'y jettent: la Saone et le Doux — M.ts Vosges; l'Isère, la Durance — M.gnes des Alpes.

12 Terreins des Rivières Costieres entre le Rhône et les Alpes, dont les principales: l'Arc, l'Argents, le Var — Basses Alpes.

LA FRANCE est naturellement partagée en deux parties inégales par une GRANDE CHAINE de Montagnes, qui partant des M.ts Pyrenées, où formés les M.ts Cevênes, passe entre la Loire et le Rhône, gagne par les M.gnes de Bourgogne, les Sources de la Saone, de la Meuse et la Moselle avec M.t Vôges, forme ensuite les M.ts Jura, ou Jura, et enfin joint les Hautes (Montagnes des) Alpes, où sont les Sources du Rhône et du Rhin. Cette Chaine pousse à l'Occid.t diverses Chaines de Revers, ou Branches, qui vers la Mer, et près de l'Embouch.re des grands Fleuves, forment des Chaines de Montagnes Costieres d'où sortent de moindres Fleuves et Rivieres. Entre ces Chaines de Revers, il faut principalement remarquer, celle qui va des Vosges au Pas de Calais, et qui sert à la Communication de l'ANGLETERRE avec la FRANCE. On peut voir à ce sujet les Mémoires de l'Acad.e des Sc. de l'Année 1752.

On a appliqué sur la Carte Physique de la FRANCE, le Plan du Canal de la Manche qui a été présenté en relief à l'Acad.e des Sciences en 1752, pour donner une idée de la disposition des Terreins sous les Eaux de la Mer, et de la jonction des Continents par les Isthmes Marins.

On voit dans ce Plan, par la réunion des Sondes que les Navigateurs ont observées, et par les lignes de points qui les désignent, le partage des Terreins de la Manche en différens Lits ou Bancs, plus ou moins élevés. On a fait usage des Sondes de 10 en 10 Brasses, ainsi l'espace compris entre la Côte et la 1.re Ligne, représente les profondeurs prises de la Mer, depuis 0 (Zero) jusqu'à 10

**DÉTAIL POUR LE CANAL DE LA MANCHE.**

Brasses. De cette 1.re Ligne à la 2.e sont les profondeurs de 10 à 20 Brasses, &c.

Le 1.er Lit qui contient les Sondes depuis 0 jusqu'à 10 Brasses, suit à peu près le contour des Côtes, et renferme la base ou le massif de l'Isle de Vight. Le 2.e de 10 à 20 Brasses, contient les Isles de Jersey, de Grenesey et d'Aurigny. Le 3.e de 20 à 30 Brasses, se trouve au niveau de l'endroit le plus bas du Pas de Calais. Le 4.e ne se continue plus sous le Pas de Calais, mais se termine en forme de Golfe 8 lieues au midi de ce Détroit. Les autres Lits forment de même des espèces de Golfes, mais qui avancent moins dans la Manche. Le dernier contient les Sondes de 60 à 70 Brasses et il n'entre presque pas dans la Manche. C'est là où se fait l'entière jonction de la France avec l'Angleterre.

On voit par ces Observations, que, si la Mer baissoit seulement de 25 Brasses, elle ne formeroit plus qu'un Golfe dans la Manche, elle laisseroit à découvert la Chaine de Montagnes, qui joint Calais à Douvres. L'Isle de Vight deviendroit une Montagne séparée de l'Angleterre par une Vallée qui seroit alors à sec, les Isles de Jersey, de Grenesey et d'Aurigny seroient aussi des Montagnes séparées de la Normandie par une semblable Vallée. Il y auroit un Lac près le Pas de Calais dans un fond de 35 Brasses, et deux nouvelles Isles dans la Mer du Nord. Enfin, si la Mer baissoit de 70 Brasses, l'Angleterre elle même seroit une vaste Montagne séparée de la Normandie et des Pays Bas par deux Vallées, et tenant à la Flandre par un Isthme, et le dernier Lit de la Manche qui est entre les Sorlingues et l'Isle d'Ouessant, deviendroit alors le Rivage de la Mer.

Dressée par Phil. Buache, 1.er Géog.e du Roi, de l'Ac. des Sc.

Publiée avec l'Approbation et sous le Privilége de l'Acad. en [illegible]

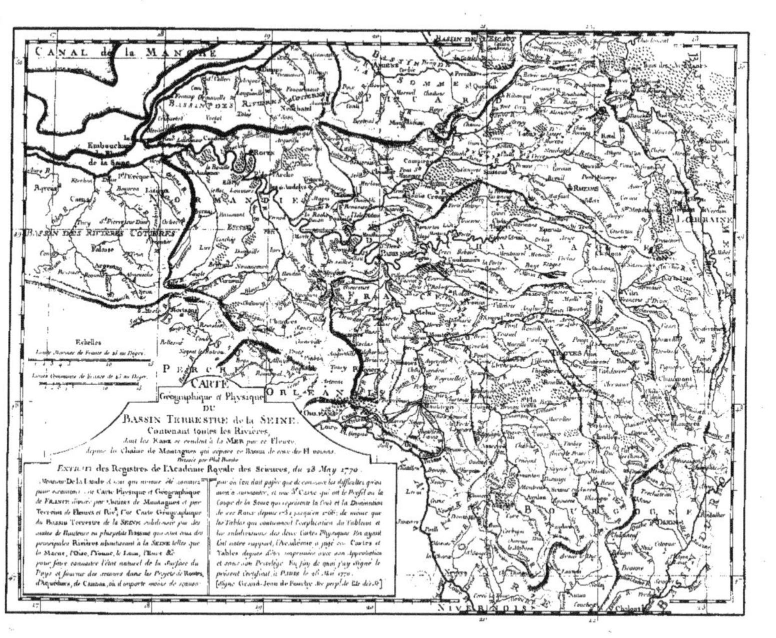
CANAL de la MANCHE
BASSIN DES RIVIÈRES CÔTIÈRES
NORMANDIE
PICARDIE
CHAMPAGNE
LORRAINE
PERCHE
ORLÉANOIS
BOURGOGNE
NIVERNOIS
PARIS
Echelles
CARTE
Géographique et Physique
DU
BASSIN TERRESTRE de la SEINE.
Contenant toutes les Rivières,
EXTRAIT des Registres de l'Académie Royale des Sciences, du 28 May 1770.

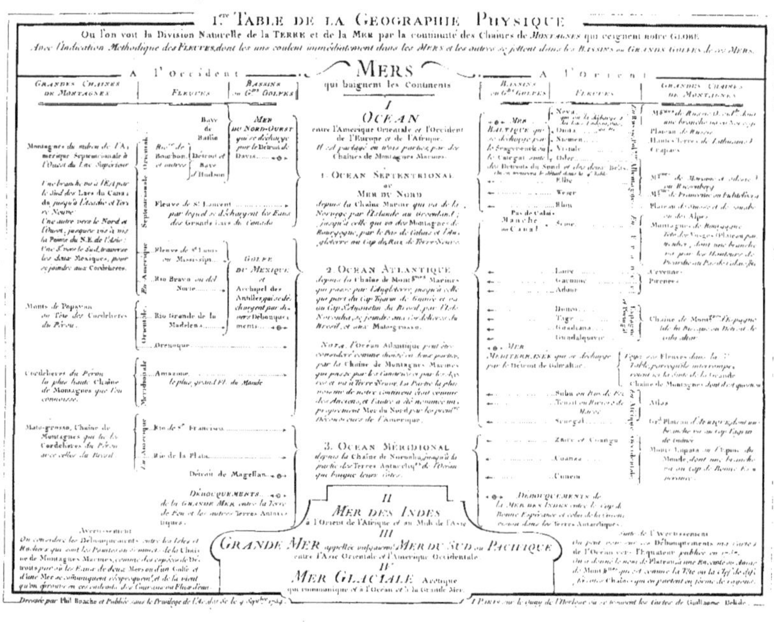

1.ère TABLE DE LA GEOGRAPHIE PHYSIQUE
Ou l'on voit la Division Naturelle de la TERRE et de la MER par la continuité des Chaines de MONTAGNES qui ceignent notre GLOBE
Avec l'Indication Methodique des FLEUVES, dont les uns coulent immédiatement dans les MERS et les autres se jettent dans les BASSINS ou GRANDS GOLFES de ces MERS.
A l'Occident
MERS
qui baignent les Continents
A l'Orient
GRANDES CHAINES DE MONTAGNES
FLEUVES
BASSINS ou G.ds GOLFES
I
OCEAN
entre l'Amerique Orientale et l'Occident de l'Europe et de l'Afrique.
1. OCEAN SEPTENTRIONAL ou MER DU NORD
2. OCEAN ATLANTIQUE
3. OCEAN MERIDIONAL
depuis la Chaine de Noronha jusqu'à la partie des Terres Antarctiq.es de l'Ocean qui baigne leurs côtes.
II
MER DES INDES
à l'Orient de l'Afrique et au Midi de l'Asie
III
GRANDE MER appellée vulgairem.t MER DU SUD ou PACIFIQUE
entre l'Asie Orientale et l'Amerique Occidentale
IV
MER GLACIALE Arctique
qui communique et à l'Ocean et à la Grande Mer.
Montagnes du milieu de l'Amerique Septentrionale à l'Ouest du Lac Superieur
Monts de Popayan ou Tête des Cordelieres du Pérou.
Cordelieres du Pérou la plus haute Chaine de Montagnes que l'on connoisse.
Mato-grosso, Chaine de Montagnes qui lie les Cordelieres du Pérou avec celles du Bresil.
Baye de Baffin
Baye d'Hudson
Fleuve de S.t Laurent
Fleuve de S.t Louis ou Mississipi
Rio Bravo ou del Norte
Rio Grande de la Madelena
Orenoque
Amazone le plus grand Fl. du Monde
Rio de S.t Francisco
Rio de la Plata
Détroit de Magellan
MER DU NORD-OUEST
GOLFE DU MEXIQUE et Archipel des Antilles
DEBOUQUEMENTS de la GRANDE MER entre la Terre de Feu et les autres Terres Antarctiques.
MER BALTIQUE
Neva
Duna
Niemen
Vistule
Oder
Elbe
Weser
Rhin
Pas de Calais
Manche ou Canal
Seine
Loire
Garonne
Adour
Douro
Tage
Guadiana
Guadalquivir
MER MEDITERRANÉE
Atlas
Senegal
Zaire et Coanga
Coanza
Cunena
Plateau de Russie
Cevennes
Pirenées
DEBOUQUEMENTS de la MER DES INDES
Avertissement
Suite de l'Avertissement
Dressée par Phil. Buache et Publiée sous le Privilege de l'Acad. des Sc. le 4 Sept.bre 1754.
A PARIS sur le Quay de l'Horloge où se vendent les Cartes de Guillaume Delisle.

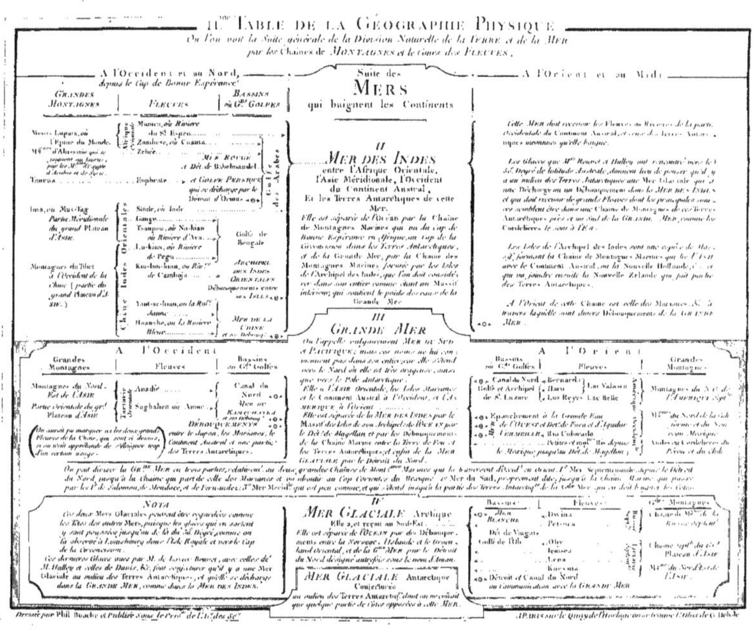

# IIme TABLE DE LA GÉOGRAPHIE PHYSIQUE

*Où l'on voit la Suite générale de la Division Naturelle de la TERRE et de la MER par les Chaînes de MONTAGNES et le Cours des FLEUVES.*

## Suite des MERS qui baignent les Continents

### A l'Occident et au Nord, depuis le Cap de Bonne Espérance

| GRANDES MONTAGNES | FLEUVES | BASSINS ou Gds GOLFES |
|---|---|---|
| Monts Lupata, ou l'Épine du Monde. | Afrique Orientale: Mumen, ou Rivière du St Esprit; Zambese, ou Cuama; Zebée | Golfe des Arabes |
| Mgnes d'Abissinie | | MER ROUGE et Dét. de Babelmandel |
| Taurus | Euphrate | et GOLFE PERSIQUE qui se décharge par le Détroit d'Ormus |
| Imaüs, ou Mus-Tag, Partie Méridionale du grand Plateau d'Asie. | Indes Orientales: Sinde, ou Inde; Gange; Tsanpou, ou Na-kian, ou Rivière d'Ava | Golfe de Bengale |
| Montagnes du Tibet à l'Occident de la Chine (partie du grand Plateau d'Asie.) | Lu-kian, ou Rivière de Pegu; Kiu-lon-kian, ou Rre de Camboja | ARCHIPEL DES INDES ORIENTALES, Débouquements entre ses ISLES |
| | Chine: Yan-se-kian, ou la Rre Jaune; Hoan-ho, ou la Rivière Bleue | MER DE LA CHINE et ses Débouq. |

### II. MER DES INDES

entre l'Afrique Orientale, l'Asie Méridionale, l'Occident du Continent Austral, Et les Terres Antarctiques de cette Mer.

*Elle est séparée de l'Océan par la Chaîne de Montagnes Marines qui va du Cap de Bonne Espérance en Afrique, au Cap de la Circoncision dans les Terres Antarctiques, et de la Grande Mer, par la Chaîne des Montagnes Marines formée par les Isles de l'Archipel des Indes, que l'on doit considérer dans son entier comme étant un Massif intérieur; qui soutient le poids des eaux de la Grande Mer.*

### A l'Orient et au Midi

*Cette MER doit recevoir les Fleuves ou Rivières de la partie Occidentale du Continent Austral, et ceux des Terres Antarctiques inconnues qu'elle baigne.*

*Les Glaces que Mrs Bouvet et Halley ont rencontrées vers le 53e Degré de latitude Australe, donnent lieu de penser qu'il y a au milieu des Terres Antarctiques une Mer Glaciale qui a une Décharge ou un Débouquement dans la MER DES INDES et qui doit recevoir de grands Fleuves dont les principales sources semblent être dans une Chaîne de Montagnes de ces Terres Antarctiques près et au Sud de la GRANDE MER, comme les Cordelières le sont à l'Est.*

*Les Isles de l'Archipel des Indes sont une espèce de Massif, formant la Chaîne de Montagnes Marines qui lie l'ASIE avec le Continent Austral, ou la Nouvelle Hollande, et qui va joindre ensuite la Nouvelle Zélande qui fait partie des Terres Antarctiques.*

*A l'Orient de cette Chaîne est celle des Mariannes, à travers laquelle sont divers Débouquements de la GRANDE MER.*

### III. GRANDE MER

*On l'appelle vulgairement MER DU SUD et PACIFIQUE; mais ces noms ne lui conviennent pas dans son entier, car elle s'étend vers le Nord où elle est très orageuse, ainsi que vers le Pôle Antarctique.*

*Elle a l'ASIE Orientale, les Isles Mariannes et le Continent Austral à l'Occident, et l'AMERIQUE à l'Orient.*

*Elle est séparée de la MER DES INDES par le Massif des Isles de son Archipel, de l'OCÉAN par le Dét. de Magellan et par les Débouquements de la Chaîne Marine entre la Terre de Feu et les Terres Antarctiques; et enfin de la MER GLACIALE par le Détroit du Nord.*

#### A l'Occident

| Grandes Montagnes | Fleuves | Bassins ou Gds Golfes |
|---|---|---|
| Montagnes du Nord-Est de l'ASIE | Tartarie Orientale: Anadir | Canal du Nord |
| Partie Orientale du grd Plateau d'ASIE | Saghalien ou Amour | MER DE KAMTCHATKA et ses Débouq. |
| | | DÉBOUQUEMENTS entre le Japon, les Mariannes, le Continent Austral et une partie des Terres Antarctiques. |

*(On aurait pu marquer ici les deux grands Fleuves de la Chine, qui sont ci-dessus, si on n'eût appréhendé de s'éloigner trop d'un certain usage.)*

#### A l'Orient

| Bassins ou Gds Golfes | Fleuves | | Grandes Montagnes |
|---|---|---|---|
| Canal du Nord, Golfe et Archipel de St Lazare | Bernarda, Haro, Los Reyes | Lac Valasco, Lac Belle | Montagnes du N. O. de l'AMERIQUE Septle |
| Épanchement à la Grande Eau de l'OUEST et Dét. de Fuca et d'Aguilar; VERMEILLE | Rio Colorado | | Mgnes du Nord de la Californie et du Nouveau Mexique |
| | Petites et mgres Res depuis le Mexique jusqu'au Dét. de Magellan | | Andes ou Cordelières du Pérou et du Chili |

*On peut diviser la GRDE MER en trois parties, relativement aux deux grandes Chaînes de Montagnes Marines qui la traversent d'Occid. en Orient. 1re Mer Septentrionale, depuis le Détroit du Nord, jusqu'à la Chaîne qui part de celle des Mariannes et va aboutir au Cap Corientes du Mexique. 2e Mer du Sud, proprement dite, jusqu'à la Chaîne Marine qui passe par les Is de Salomon, de Mendoce, et de Fernandez. 3e Mer Mérid. qui est peu connue, et qui s'étend jusqu'à la partie des Terres Antarctiq. de la Gde Mer qu'on en doit border les Côtes.*

### NOTA

*Ces deux Mers Glaciales peuvent être regardées comme les Têtes des autres Mers, puisque les glaces qui en sortent y sont poussées jusqu'au de là du 50e Degré, comme on l'a observé à Louisbourg dans l'Isle Royale et vers le Cap de la Circoncision.*

*Ces dernières Glaces vues par M. de Lozier Bouvet, avec celles de M. Halley et celles de Davis, &c. font conjecturer qu'il y a une Mer Glaciale au milieu des Terres Antarctiques, et qu'elle se décharge dans la GRANDE MER, comme dans la MER DES INDES.*

### IV. MER GLACIALE Arctique

Elle a, et reçoit au Sud-Est

*Elle est séparée de l'OCÉAN par des Débouquements entre la Norvège, l'Islande et le Groenland Oriental, et de la Gde MER par le Détroit du Nord désigné autrefois sous le nom d'Anian.*

| Bassins | Fleuves | | Gdes Montagnes |
|---|---|---|---|
| MER BLANCHE | Dwina, Petzora | Russie | Chaîne de Mgnes de la Russie Septle |
| Dét. de Vaigats, Golfe de l'Ob | Oby, Jenisea, Lena, Kovyma | Tartarie | Chaîne Septle du Gd Plateau d'ASIE; Mgnes du Nord-Est de l'ASIE |
| Détroit et Canal du Nord en Communication avec la GRANDE MER | | | |

### MER GLACIALE Antarctique Conjecturée

*au milieu des Terres Antarctiq. dont on ne connaît que quelque partie de Côtes opposées à cette MER.*

Dressée par Phil. Buache et Publiée sous le Privil. de l'Acad. des Sc.

A PARIS sur le Quay de l'Horloge où se trouve l'Atlas de G. Delisle

# III.me TABLE DE LA GEOGRAPHIE PHYSIQUE

*Où l'on indique les* FLEUVES *qui se déchargent dans la* MER MEDITERRANÉE, *et la suite des Chaines de* MONTAGNES *qui l'environnent, et qui sont comme les relevements de son Bassin;*
*Avec ce qui regarde la* MER CASPIENNE *et la* MER MORTE *dans l'intérieur des* TERRES *de l'ASIE.*

## LA MER MEDITERRANÉE

est naturellement divisée en Sept parties par différentes Chaines de Montagnes.

### A l'Occident et au Nord

| Grandes Montagnes | Pays | Fleuves | Golfes |
|---|---|---|---|
| Chaine de Montagnes d'Espagne | Espagne | Guadalemin | |
| | | Segura | |
| | | Xucar | |
| | | Guadalaviar | |
| | | Ebre | |
| Pyrenées | France | Tet | Golfe de Leon ou de Lyon. |
| | | Aude | |
| Cevenes qui se joignent aux Alpes par les Vosges et le Jura | | Erault | |
| Hautes Alpes | | Rhône avec la Saone et le Doux | |
| | | | Golfe de Genes. |
| Apennin 1.re Branche des Alpes | Italie | Arno | |
| | | Tibre | |
| Moyennes Alpes, d'où sort l'Apennin | | Pô | GOLFE DE VENISE |
| Mont.gnes de Servie et de Bulgarie, Suite de la 2.e Branche des Alpes par le grand Brenner et les M.gnes de Carinthie, &c. Cette Branche va par la Turquie joindre le Taurus, et un de ses rameaux va au Cap Matapan. | Turquie Européenne | Drin | |
| | | Vardar | |
| | | Marcza | |
| Plateau de Suisse et de Suabe | | Danube en Allemagne, Hongrie et Turquie d'Europe | |
| Crapacs | | Niester en Pologne et petite Tartarie | |
| Plateau de Russie | | Nieper en Russie, Pologne et petite Tartarie | |

### Les sept parties de la Mer Méditerranée

1.e PARTIE OCCIDENTALE; ou MER DU PONANT; depuis le Détroit de Gibraltar (par lequel cette Mer se décharge dans l'Océan) jusqu'au Cap Bon de Barbarie vis à vis lequel commence la Chaine de Mont.gnes qui traverse la Sicile dans toute sa longueur depuis le C. Boeo jusqu'au Far de Messine, près duquel commence l'Apenin qui est une des branches des Alpes et qui traverse l'Italie dans toute sa longueur.

2.e PARTIE DU MILIEU depuis la Chaine que l'on vient de désigner jusqu'au Cap Matapan de Morée, et celui de Rosat en Barbarie, par l'Isle de Candie.

3.e PARTIE ORIENTALE ou MER DE LEVANT

4.e ARCHIPEL appellé par les Turcs MER BLANCHE [Les Isles qui y sont en grand nombre forment un Massif qui joint la Grèce avec la Natolie]

Détroit des Dardanelles

5.e MER DE MARMARA

Détroit de Constantinople

6.e MER NOIRE

Détroit de Caffa

7.e MER DE ZABACHE ou d'AZOF qui avec le Don, est comme la Source de la Mer Mediterranée; Aussi Aristote a-t-il mis son cours du Nord au Midi.

### Au Midi et à l'Orient

| Golfes | Fleuves | Grandes Montagnes |
|---|---|---|
| | Malluja | Atlas, qui traverse la Barbarie d'Occident en Orient et se joint aux M.gnes d'Abyssinie et d'Egypte |
| | Shellif | |
| | Mejerda | |
| GOLFE DE LA SIDRE, qui ne reçoit que de petites Rivières | | |
| | Nil en Abyssinie et Egypte | Montagnes d'Abyssinie et Plateau d'Afrique |
| | Asi | Mont Liban |
| | Madre | Plateau du milieu de la Natolie |
| | Sarabat | |
| | Zacaria ou Ayala | |
| | Kesel irmac | Taurus |
| | Rione ou Mingrelie | Caucase |
| | Kuban ou Coban ou Circassie | Branche du Sud Est du Plateau de Russie |
| | Don en Russie et petite Tartarie | |

## LA MER CASPIENNE

forme un assez grand Bassin entre les Terres d'Asie, et n'a aucune communication sensible avec les autres MERS, divers Auteurs croyent qu'elle se décharge par des Canaux souterrains dans la MER NOIRE et dans le Golfe Persique.

### A l'Occident

| G.des Montagnes | Pays | Fleuves |
|---|---|---|
| Plateau de Russie | | Wolga en Russie d'Europe et d'Asie |
| | Circassie | Koma ou Kislar |
| Caucase | | Bustro ou Rivière de Terki |
| Caucase et Taurus | | Kour et Aras en Arménie et Géorgie |

### A l'Orient

| Bassins | Fleuves | G.des Montagnes |
|---|---|---|
| | Jaik | Ural Branche N.O. du grand Plateau d'Asie |
| Mer d'Aral ou Bleue, que l'on soupçonne se décharger par dessous terre. | Sier | |
| | Gihon qui coulait autrefois dans la M. Caspienne | Belur Branche S.O. du grand Plateau d'Asie |

## LA MER MORTE

dans la Terre Sainte. Elle n'a aucune communication avec les autres MERS, étant enfermée dans de Hautes Montagnes.

### Au Nord et à l'Occident

| Montagnes | Fleuves |
|---|---|
| Mont Liban | Jourdain |
| M.tnes de Jerusalem | Torrent de Cedron |

### Au Midi et à l'Orient

| Fleuves | Montagnes |
|---|---|
| Saphia | Montagnes d'Arabie |
| Arnon | |

Dressée par Philippe Buache et Publiée sous le Privilège de l'Acad. des Sciences.
du 4 Septembre 1754.
A Paris, sur le Quay de l'Horloge où se trouvent les Cartes de Guill. Delisle

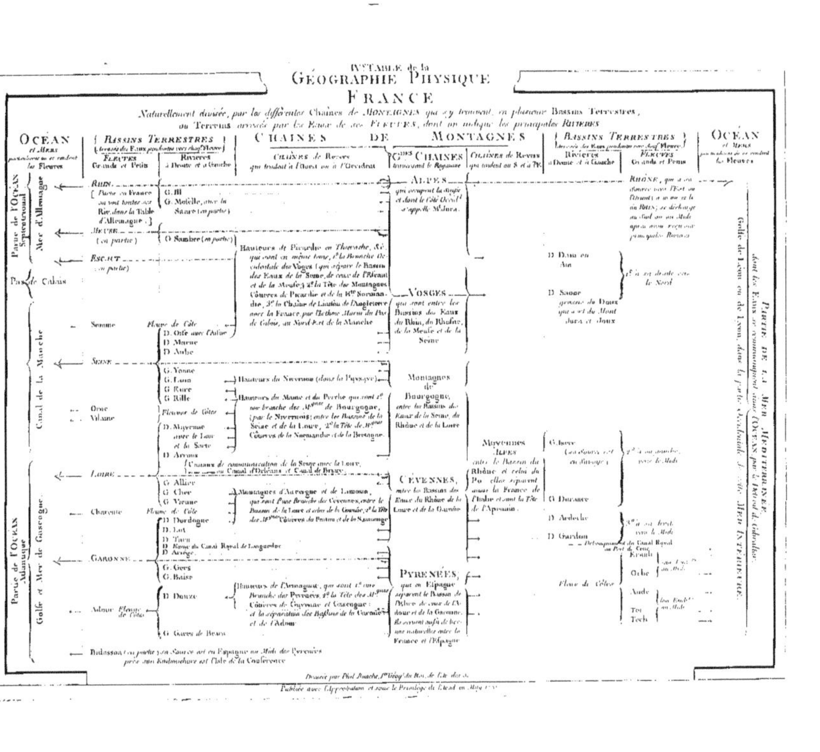
IVE TABLE de la
GÉOGRAPHIE PHYSIQUE
FRANCE
Naturellement divisée, par les différentes Chaînes de MONTAGNES qui s'y trouvent, en plusieurs Bassins Terrestres, ou Terreins arrosés par les Eaux de ses FLEUVES, dont on indique les principales RIVIERES
OCÉAN
BASSINS TERRESTRES
CHAINES DE MONTAGNES
BASSINS TERRESTRES
OCÉAN
ALPES
VOSGES
CÉVENNES
PYRENÉES

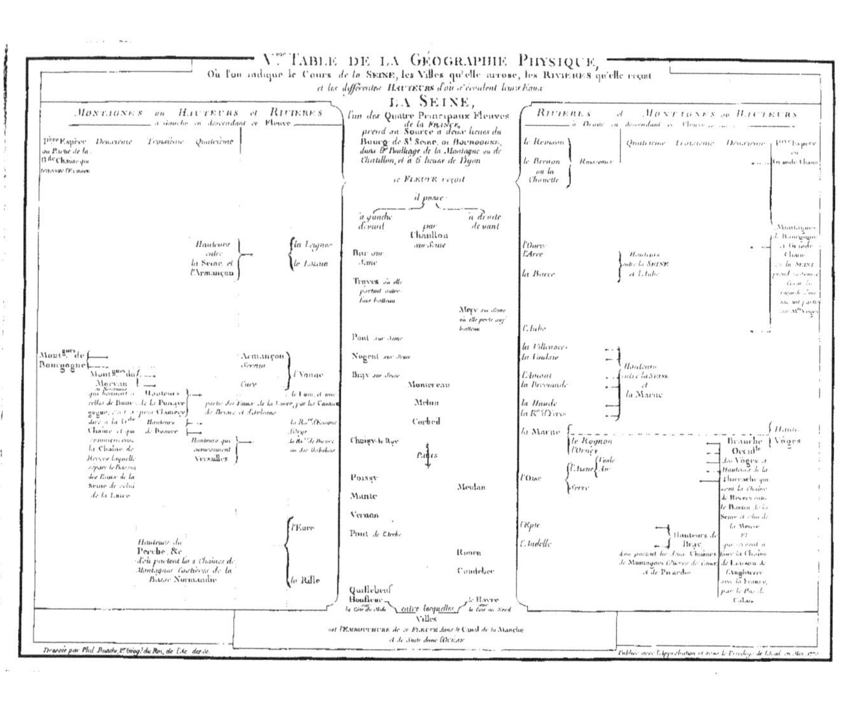

V.me TABLE DE LA GÉOGRAPHIE PHYSIQUE,
Où l'on indique le Cours de la SEINE, les Villes qu'elle arrose, les RIVIERES qu'elle reçoit
et les différentes HAUTEURS d'où s'écoulent leurs Eaux
LA SEINE,
l'un des Quatre Principaux Fleuves de la FRANCE,
prend sa Source à deux lieues du Bourg de St. Seine, en BOURGOGNE, dans le Bailliage de la Montagne ou de Chatillon, et à 6 lieues de Dijon
ce FLEUVE reçoit
il passe
à gauche devant
par Chatillon sur Seine
à droite devant
Bar sur Seine
Troyes où elle portoit autrefois bateau
Mery sur Seine où elle porte aujourd'hui bateau
Pont sur Seine
Nogent sur Seine
Bray sur Seine
Montereau
Melun
Corbeil
Choisy le Roy
Paris
Poissy
Mante
Vernon
Pont de l'Arche
Meulan
Rouen
Caudebec
Quillebeuf
Honfleur
le Havre
entre lesquelles
Villes
est l'EMBOUCHURE de ce FLEUVE dans le Canal de la Manche et de suite dans l'OCEAN
MONTAGNES ou HAUTEURS et RIVIERES à Gauche en descendant ce Fleuve
1ère Espèce
Deuxième
Troisième
Quatrième
Hauteurs entre la Seine et l'Armançon
la Laigne
le Loson
Montagnes de Bourgogne
Montagnes du Morvan
Armançon
Serain
Cure
l'Yonne
Hauteurs de la Puisaye
Hauteurs de Beauce
Hauteurs qui environnent Versailles
l'Eure
la Rille
Hauteurs du Perche &c
RIVIERES et MONTAGNES ou HAUTEURS à Droite en descendant ce Fleuve
Quatrième
Troisième
Deuxième
1ère Espèce
le Revinson
le Brenon ou la Chouette
l'Ource
l'Arce
la Barse
Hauteurs entre la SEINE et l'Aube
l'Aube
la Villenauxe
la Voulzie
l'Ancueil
la Brouande
la Haude
la Marne
Hauteurs entre la SEINE et la Marne
le Rognon
l'Ornain
l'Oise
l'Aisne
Serre
l'Epte
l'Andelle
Hauteurs de Bray
Branche Occidle. des Vôges
Hautes Vôges
Dressée par Phil. Buache, 1er Géog. du Roi, de l'Ac. des Sc.

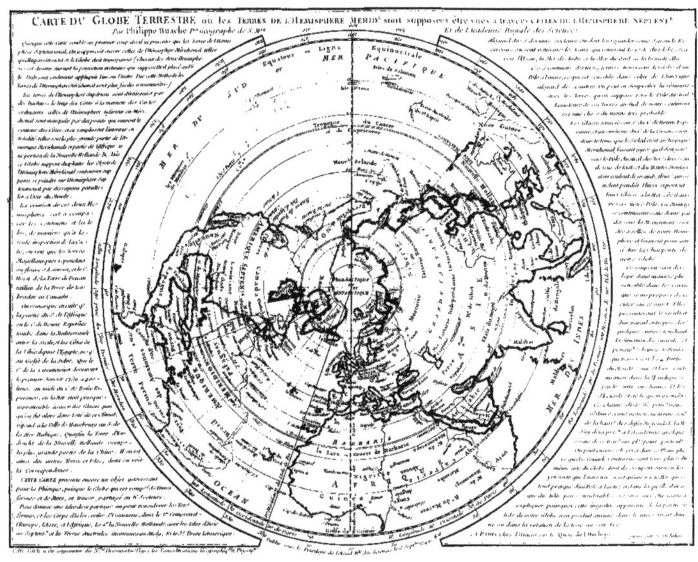
CARTE DU GLOBE TERRESTRE où les TERRES DE L'HEMISPHERE MERID. sont supposées être vues à travers celles de l'Hemisphere Septent.
Par Philippe Buache
Et de l'Académie Royale des Sciences
MER PACIFIQUE
MER DES INDES
OCEAN

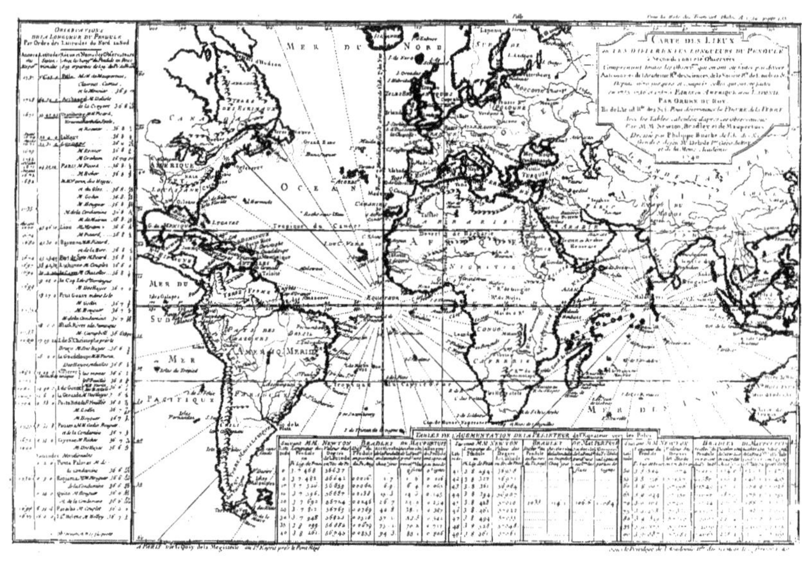
CARTE DES LIEUX
PAR ORDRE DU ROY
1740
OBSERVATIONS DE LA LONGUEUR DU PENDULE
MER DU NORD
OCEAN
Tropique du Cancer
AFRIQUE
Tropique du Capricorne
MER PACIFIQUE
TABLES DE L'AUGMENTATION DE LA PESANTEUR de l'Equateur vers les Poles

CARTE
DES TERRES AUSTRALES,
Comprises entre le Tropique
du Capricorne et le Pole Antarctique
Par Philippe Buache
Augmentée
de diverses vues
Physiques &c.
PLAN
Extrait du Voyage aux Terres Australes
L'Ocean
Mer Pacifique
Nouvelle Hollande
Nouvelle Zelande
Terre qui a été vue par M. de Lozier Bouvet
Cap de la Circoncision
A Paris, sur le Quay de l'Horloge du Palais

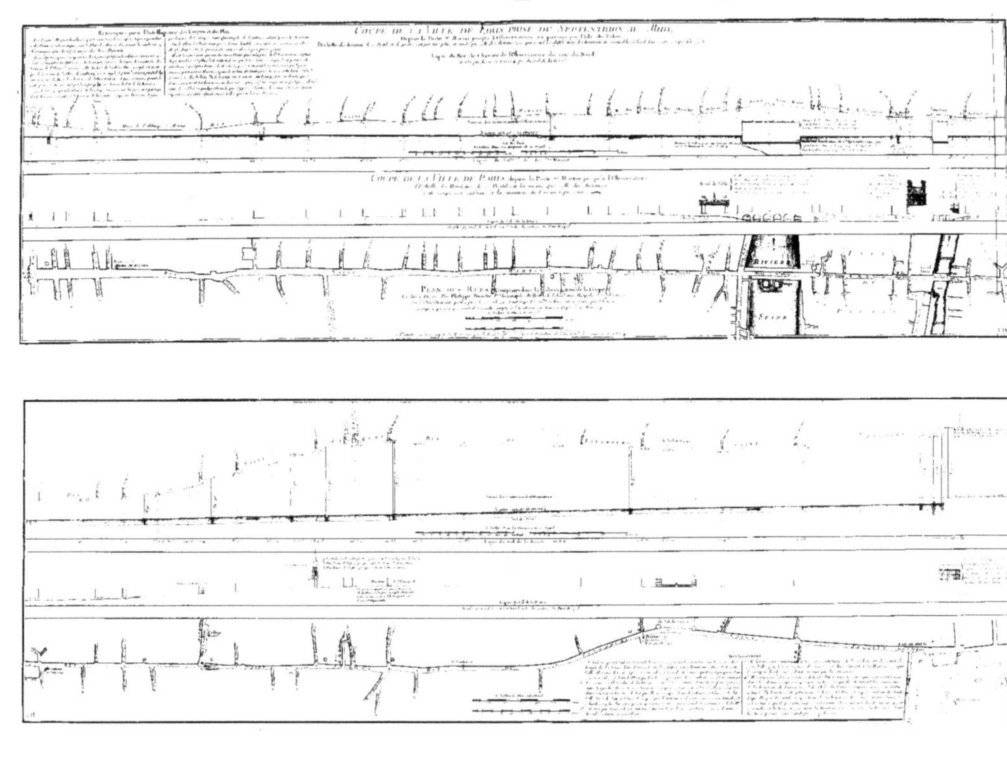
COUPE DE LA VILLE DE PARIS PRISE DU SEPTENTRION AU MIDY.
COUPE DE LA VILLE DE PARIS depuis la Porte St. Martin jusqu'à l'Observatoire
PLAN DES RUES
RIVIERE
SEINE

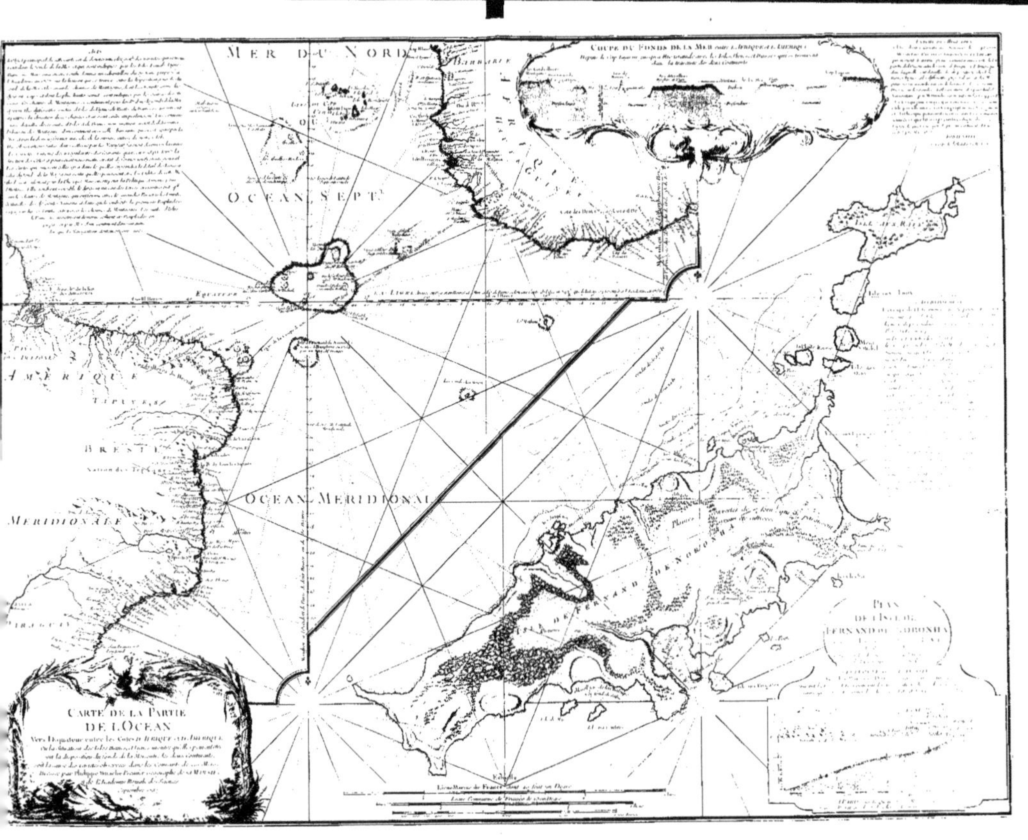

MER DU NORD
BARBARIE
OCEAN SEPT.
EQUATEUR
AMERIQUE
BRESIL
OCEAN MERIDIONAL
MERIDIONALE
CARTE DE LA PARTIE
DE L'OCEAN

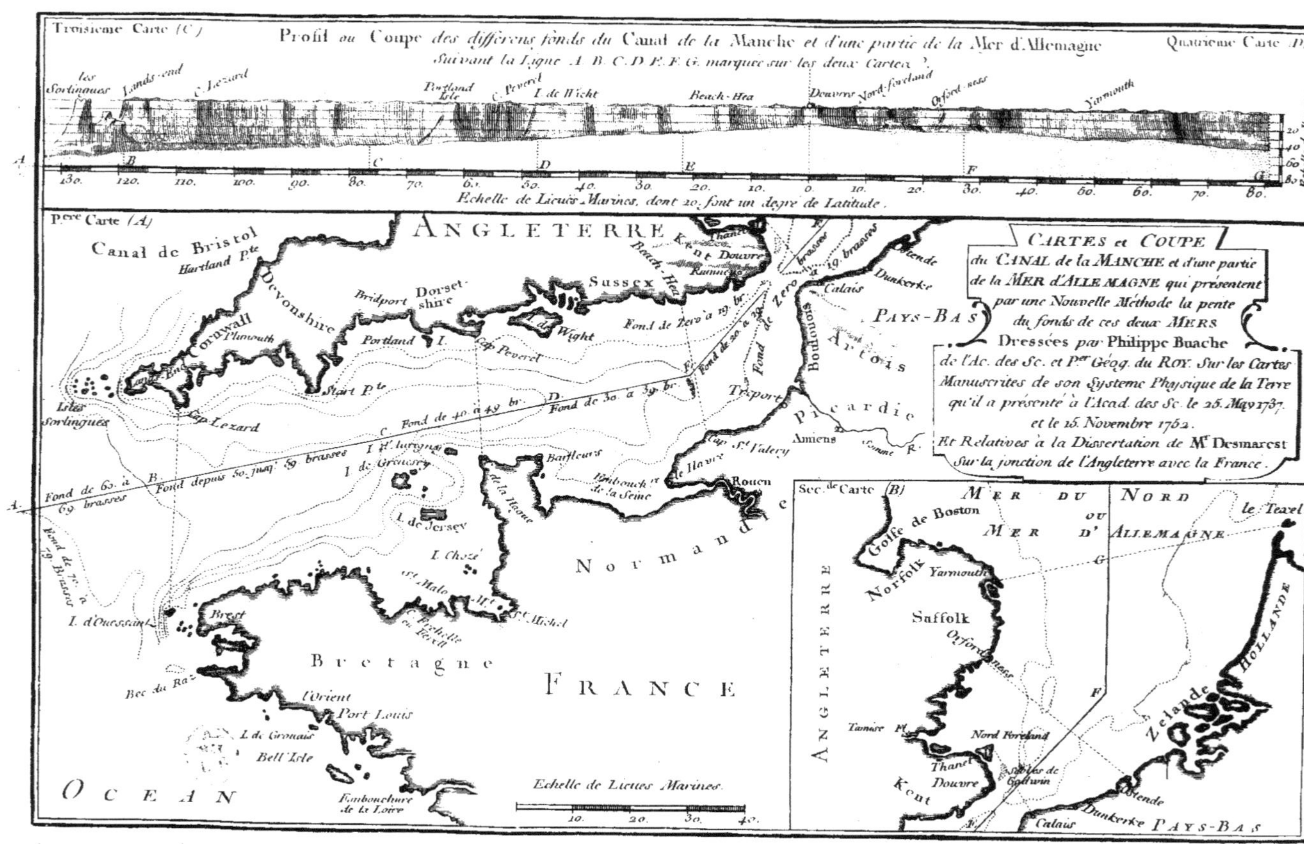

Troisieme Carte (C)
Profil ou Coupe des differens fonds du Canal de la Manche et d'une partie de la Mer d'Allemagne
Suivant la Ligne A. B. C. D. E. F. G. marquée sur les deux Cartes.
Quatrieme Carte (D)
Echelle de Lieues Marines, dont 20. font un degré de Latitude.
Echelle de Brasses
P.ere Carte (A)
CARTES et COUPE
du CANAL de la MANCHE et d'une partie
de la MER D'ALLEMAGNE qui présentent
par une Nouvelle Méthode la pente
du fonds de ces deux MERS
Dressées par Philippe Buache
de l'Ac. des Sc. et P.er Géog. du ROY. Sur les Cartes
Manuscrites de son Systeme Physique de la Terre
qu'il a présenté à l'Acad. des Sc. le 25. May 1737.
et le 15. Novembre 1752.
Et Relatives à la Dissertation de M.r Desmarest
Sur la jonction de l'Angleterre avec la France.
ANGLETERRE
Canal de Bristol
Hartland P.te
Cornwall
Devonshire
Dorset-shire
Sussex
Kent
FRANCE
Normandie
Bretagne
Picardie
Artois
PAYS-BAS
OCEAN
Fond de 60. à 69. brasses
Fond depuis 50. jusq. 59 brasses
Fond de 40. à 49 br.
Fond de 30. à 39 br.
Fond de Zero à 19 br.
Echelle de Lieues Marines.
Sec.de Carte (B)
MER DU NORD
OU
MER D'ALLEMAGNE
HOLLANDE
Zelande

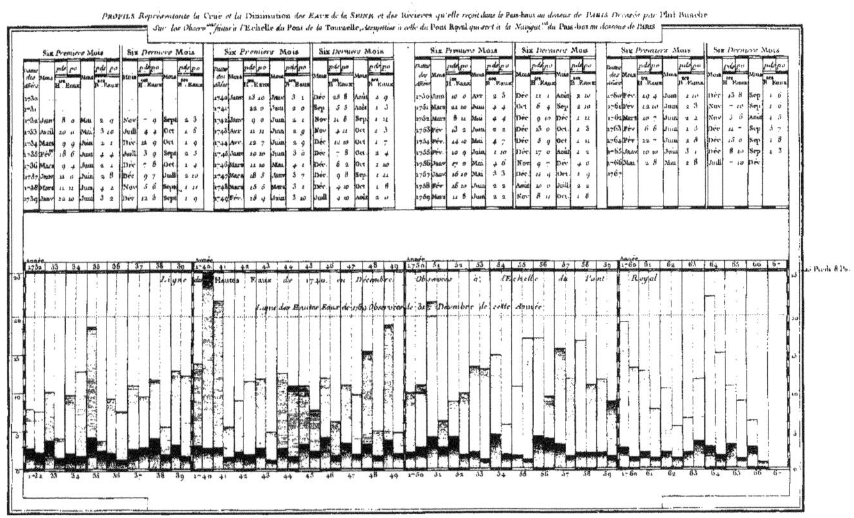


| Années | Six Premiers Mois: Mois | H.tes Eaux pds | po | Mois | B.ses Eaux pds | po | Six Derniers Mois: Mois | H.tes Eaux pds | po | Mois | B.ses Eaux pds | po |
|---|---|---|---|---|---|---|---|---|---|---|---|---|
| 1730 | | | | | | | | | | | | |
| 1731 | | | | | | | | | | | | |
| 1732 | Janv | 8 | 0 | Mai | 2 | 9 | Nov | – | 9 | Sept | 2 | 3 |
| 1733 | Avril | 20 | 0 | Mai | 3 | 10 | Juill | 4 | 4 | Oct | 1 | 6 |
| 1734 | Mars | 9 | 9 | Juin | 2 | 1 | Déc | 12 | 9 | Oct | 1 | 9 |
| 1735 | Fév. | 18 | 6 | Juin | 4 | 4 | Juill | 3 | 9 | Sept | 2 | 3 |
| 1736 | Mars | 9 | 4 | Juin | 2 | 1 | Déc | 7 | 8 | Oct | 1 | 4 |
| 1737 | Janv | 11 | 0 | Juin | 2 | 8 | Déc | 9 | 7 | Juill | 2 | 10 |
| 1738 | Mars | 11 | 11 | Juin | 4 | 1 | Nov | 5 | 6 | Sept | 1 | 11 |
| 1739 | Janv | 22 | 10 | Juin | 3 | 2 | Déc | 12 | 3 | Sept | 1 | 9 |

| Années | Six Premiers Mois: Mois | H.tes Eaux pds | po | Mois | B.ses Eaux pds | po | Six Derniers Mois: Mois | H.tes Eaux pds | po | Mois | B.ses Eaux pds | po |
|---|---|---|---|---|---|---|---|---|---|---|---|---|
| 1740 | Janv | 13 | 10 | Janv | 3 | 1 | Déc | 25 | 8 | Août | 1 | 9 |
| 1741 | | 22 | 0 | Juin | 2 | 0 | Sep | 5 | 5 | Août | 1 | 3 |
| 1742 | Janv | 9 | 0 | Juin | 2 | 1 | Nov | 11 | 8 | Sep | 1 | 11 |
| 1743 | Avr | 11 | 11 | Juin | 2 | 9 | Nov | 4 | 11 | Oct | 1 | 3 |
| 1744 | Avr. | 12 | 7 | Juin | 2 | 9 | Déc | 10 | 10 | Oct | 1 | 7 |
| 1745 | Janv | 10 | 10 | Juin | 3 | 0 | Déc | – | 8 | Oct | 2 | 4 |
| 1746 | Mars | 11 | 10 | Mai | 4 | 1 | Déc. | 6 | 2 | Oct | 1 | 10 |
| 1747 | Mars | 18 | 3 | Janv | 3 | 7 | Déc. | 9 | 8 | Sep. | 1 | 11 |
| 1748 | Mars | 15 | 5 | Mars | 3 | 1 | Déc. | 4 | 10 | Oct | 1 | 8 |
| 1749 | Fév. | 18 | 4 | Juin | 3 | 10 | Juill | 4 | 10 | Août | 2 | 0 |

| Années | Six Premiers Mois: Mois | H.tes Eaux pds | po | Mois | B.ses Eaux pds | po | Six Derniers Mois: Mois | H.tes Eaux pds | po | Mois | B.ses Eaux pds | po |
|---|---|---|---|---|---|---|---|---|---|---|---|---|
| 1750 | Juin | 10 | 0 | Avr | 2 | 3 | Déc | 11 | 1 | Août | 2 | 10 |
| 1751 | Mars | 21 | 10 | Juin | 4 | 4 | Oct | 6 | 4 | Sep | 2 | 10 |
| 1752 | Mars | 8 | 11 | Mai | 4 | 4 | Déc | 9 | 10 | Déc | 1 | 11 |
| 1753 | Fév | 13 | 2 | Juin | 2 | 2 | Déc | 13 | 0 | Oct. | 1 | 3 |
| 1754 | Fév. | 14 | 10 | Mai | 4 | 7 | Déc | 5 | 9 | Oct | 1 | 11 |
| 1755 | Fév. | 10 | 9 | Juin | 1 | 10 | Déc. | 17 | 0 | Août | 1 | 2 |
| 1756 | Janv | 17 | 0 | Mai | 4 | 6 | Nov | 9 | 7 | Déc | 4 | 0 |
| 1757 | Janv | 16 | 10 | Mai | 3 | 3 | Déc | 11 | 4 | Oct. | 1 | 9 |
| 1758 | Fév | 16 | 10 | Juin | 2 | 2 | Août | 10 | 0 | Juill | 2 | 2 |
| 1759 | Mars | 11 | 8 | Juin | 2 | 2 | Nov | 8 | 11 | Oct. | 1 | 8 |

| Années | Six Premiers Mois: Mois | H.tes Eaux pds | po | Mois | B.ses Eaux pds | po | Six Derniers Mois: Mois | H.tes Eaux pds | po | Mois | B.ses Eaux pds | po |
|---|---|---|---|---|---|---|---|---|---|---|---|---|
| 1760 | Fév. | 19 | 4 | Juin | 2 | 10 | Déc | 13 | 8 | Sep | 1 | 6 |
| 1761 | Fév | 12 | 10 | Juin | 2 | 3 | Nov | – | 10 | Sep | 1 | 6 |
| 1762 | Mars | 10 | 7 | Juin | 2 | 2 | Nov | 5 | 6 | Août | 1 | 5 |
| 1763 | Fév | 6 | 6 | Juin | 1 | 5 | Déc | 11 | – | Sep | 3 | 7 |
| 1764 | Fév | 12 | 7 | Juin | 2 | 8 | Déc. | 15 | 0 | Sep | 1 | 8 |
| 1765 | Janv | 10 | 10 | Juin | 3 | 1 | Déc | 8 | 10 | Sep | 1 | 3 |
| 1766 | Mai | 2 | 8 | Mai | 2 | 8 | Juill | – | 10 | Déc | | |
| 1767 | | | | | | | | | | | | |

# PLAN DU COURS DE LA SEINE DANS LA TRAVERSÉE DE PARIS

Relatifs aux Observations faites *Par* Phil. Buache sur l'étenduë & la hauteur de l'Innondation du mois de Décembre 1740.

## AVERTISSEMENT.

*La partie du Plan chargée de hachures ondées désigne l'étendue du Terrain que la Rivière occupa dans les Places, Ruës et Maisons qu'elle innonda, lors de la plus grande élevation des eaux arrivée le 25. de décembre.*

*Les parties ombrées de la même force mais détachées du Lit de la Rivière indiquent les Lieux innondés par les Egouts. [marqués par une Etoile]*

*Les deux Lignes ponctuées entre lesquelles on a mis des hachures plus foibles qui s'étendent audelà du Terrain innondé montrent jusqu'où l'eau a pénetré par dessous terre et a rempli les Caves; ce qui doit s'entendre du tems auquel le débordement étoit comme stationnaire. Car immédiatem.t après et pendant sa diminution presque toutes les caves de la Ville ont été remplies.*

## NOTA.

*L'Auteur n'ayant pû faire entrer icy qu'une partie de ses Observations sur l'Innondation, y suppléera par 2 autres Plans: le 1.er contiendra l'Innondation de la Ville le long de la Riv.e, et le Sec.d celle du gr.d Egout dans son entier. On y marquera en pieds les hauteurs de l'eau observées dans les Ruës des Quartiers innondés.*

*La connoissance éxacte de ces hauteurs sera tres utile pour regler la pente des Ruisseaux et le Rés de Chaussée des Maisons exposées à l'Innondation. Celle de 1740. plus considérable que celle de 1711. est la plus grande qu'on connoisse avec une pleine certitude, Et soit en plaçant des Inscriptions, soit en gravant de simples traits aux differens endroits des Places, Quays et autres Lieux jusques auquels l'eau s'est élevée, on fourniroit un moyen de se précautionner à l'avenir contre les suites d'un semblable évenement.*

Echelle — Toises: 50, 100, 200, 300, 400, 500

*Grand Egoût decouvert, Exécuté et fini en 1740. par les Ordres et soins de M.r Turgot et de M.rs les Echevins.*

*Les Eaux ont remonté depuis sa sortie dans la Rivière vers Chaillot Jusques à la Teste de l'Egoût où elles se sont élevées à 4. pi. 3 pouces au dessus du fonds et à la hauteur du Pont-Aqueduc qui communique au Réservoir destiné au nettoyement de l'Egout.*

Renvoy de l'Isle du Palais

1. Les Barnabittes.
2. S. Barthelemy.
3. La S.te Chapelle.
4. S. Christophle.
5. S.e Croix.
6. S. Denis de la Chartre.
7. Enfans trouvés.
8. S.te Geneviève des Ardens.
9. S. Germain le Vieil.
10. L'Hotel-Dieu.
11. S. Landry.
12. La Madelaine.
13. S.te Marine.
14. S. Michel.
15. S. Pierre des Arcis.
16. S. Pierre aux Bœufs.
17. S. Symphorien.
18. S. Jean le Rond.

19. S. Jacques de la Boucherie.

* le Cloître de S. Denis de la Chartre a été innondé.

TERRE SAINTE
Publiée d'après une Carte manuscrite de même grandeur de Guill. Delisle, en 1771.
Se trouve, à Paris, Quai de l'Horloge, avec les Ouvrages de l'Auteur et de Phil. Buache.
GRANDE MER
MER MÉDITERRANÉE
EMATH ou SYRIE
Mont Liban
Mont Hermon
DAMAS
SIDON
TYR
AURANITE
BATANÉE
TRACHONITE
GALILÉE
TRIBU D'ASER
TR. DE ZABULON
NEPHTALI
DEMI-TR. DE MANASSE
TRIBU DE GAD
SAMARIE
TR. D'EPHRAIM
TR. DE BENJAMIN
TR. DE RUBEN
AMMONITES
NABATHÉENS
JUDÉE
TRIBU DE JUDA
TR. de DAN
TRIB. DE SIMEON
DAROMA
MOABITES
Désert de Moab
MER MORTE
Désert d'Edom
EDOM ou IDUMÉE
Sur Désert
Echelle de 10 Lieues
53
54
33
32
31

www.ingramcontent.com/pod-product-compliance
Ingram Content Group UK Ltd.
Pitfield, Milton Keynes, MK11 3LW, UK
UKHW020516180726
13839UKWH00005B/2120